DÁNTA 52 POEMS

MAC BAINTRÍ   WIDOW'S SON

MIKE MAC DOMHNAILL

CLUAIN CATH PRESS

An Cheád Chló 2009
© Mike Mac Domhnaill

ISBN 978-0-9564167-0-4

Foilsithe ag/Published by
Cluain Cath Press, Daar Lane, Gortbuí, Caisleán Nua/Newcastle West,
Co. Limerick, Ireland

Grianghrafanna/Photographs
Scots Pines: The Attic Archive in Dundee
An tÚdar/Author: Íde Nic Dhomhnaill

Designed and printed by Fitzsimons Printers, Shanagolden, Co. Limerick
CLUAIN CATH PRESS

The stock is Conqueror Cream Laid

Dánta a foilsíodh cheana/Previously published:
Bailéad Briste do Johnny/A Broken Ballad for Johnny, Hartnett, File/
The Poet Hartnett san *Weekly Observer*
Tuiscint Don Troid, My Mother and The Civil War in *An Cloigeann is a Luach/
What Worth the Head*(Eag:Evelyn Conlon)
Rós ar an mBord, *Lá*
The Child, *The Stony Thursday Book (1977-1978)* (Eag: John Liddy)

The miracles danced on the flesh
and the bones grew...
(The Child)

CONTENTS   CLÁR

CONTENTS CLÁR

1169 Start of 800 years colonisation of Ireland by English forces.

Penal Laws. Anti-Catholic and Dissenter Laws, 17th to 19th Centuries

Daniel O'Connell,1775 - 1847, known as The Liberator. Wealthy Catholic background. Barrister. Member of Parliament. Achieved Catholic Emancipation 1829. Did not achieve Repeal of Act of Union. Encouraged people to learn English.

All-Ireland Election results 1918: Sinn Féin – 73 seats; Home Rule Party – 6 seats; Unionists – 26 seats. Many historians have difficulty with this result…

Kilmichael Ambush, West Cork, 1920. Led by Tom Barry, former member of British army. Major success against British Occupation Forces.

Auxiliaries(Auxies), ex-British Army officers brought to Ireland.

Black and Tans, former soldiers, to 'assist' RIC(Royal Irish Constabulary), 1919. Auxies and Black and Tans committed fearful acts of brutality, murder, arson.

IRA, Irish Republican Army, evolved from the Irish Volunteers, 1919.

UVF, Ulster Volunteer Force, 'loyalist', pro-British, founded 1913.

Michael Collins and Éamon de Valera, leaders, on opposite sides in the Civil War.

Section 31 Broadcasting Act in the 26 Counties - Irish Republic. Barred Republican spokespersons, even on mundane issues such as water provision.

MI5 and MI6 Secret British Security Services.

RUC – Royal Ulster Constabulary succeeded by the PSNI in the Six Counties

Taig – derogatory term for Nationalist/Republican/Catholic

On British security force collusion with unionists/loyalists:
The Cory Report – Former Canadian Judge, Peter Cory
The Stevens Investigation – English Police Commissioner, John Stevens
The Barron Report – Justice Henry Barron
Dublin - Monaghan Bombings

I

A hAON

The Gold Cup today:
and you were back
at the kitchen table;

so I followed your instinct
backing Willie Mullins,
but though we showed

until three from home
we faltered, I'm afraid,
and did not feature.

But I enjoyed the race,
the first half,
when there still was hope.

We sigh,
then laugh together:
Well, *someone's* horse came home!

March 2002

In memory of my mother,
Mary(May) Sheehy
21 January 1916 – 7 July 1989

An Gold Cup inniu,
agus bhí tú ann
gan choinne, sa chistin.

Shocraíos, mar sin,
ar Willie Mullins
agus chruthaigh go breá

go dtí an 'trí amuigh'
ach, theip ansin, mo léir,
is chuaigh as radharc!

Ach bhain mé sult as,
an chuid ba mhó,
fad a mhair an seans.

Ó Dhia! –
uainn ansin –
'On diabhal le capaill!

Márta 2002

I gcuimhne mo mháthar,
Mary(May) Sheehy
21ú Eanáir 1916 - 7ú Iúil 1989

I wait for you
to say, *Well done!*

Hand on my shoulder
moving to the line

A glance enough,
a nod, oh anything

But no, no parting shot,
no last refrain

Always and ever
the non-echo

They've gone inside.

Now I must follow.

In memory of my father,
Tommy Mac Donnell
5 November 1904 - 2 April 1957

Dá gcloisfinn *Maith thú!*
(dhéanfadh aon rud cúis)

Lámh ar ghualainn,
bogadh 'dtreo na líne

Nod d'aon saghas,
aon fhocal scoir

An méid sin níl le fáil,
níl aon mhacalla

Ní thagann cuimhní,
fiú, mar chompord

Táid imithe ón bpáirc.

Cén mhaith dom fanacht.

I gcuimhne m'athar,
Tommy Mc Donnell
5ú Samhain 1904 – 2ú Aibreán 1957

John Mc Auliffe
tended your root stems
back at the Tech
where reigned the urgent
Éamonn O'Connell
through the lean years;
master of erudition, Éamonn,
cramped in this small town
his head bursting:
Employment! Skills! Employers! –
as they left in droves
for England.

Margaret O'Connor
gave me the seeds –
melon, exotic melon –
which I grew under glass
and being urged to show,
you asked, Headmaster,
what I'd like to follow
but I said (proudly, I recall)
I was going to be a priest…
Far from expected praise
your face came down, a mask;
I eased my plants
into the box
and made for home –
my first doubts.

Chothaigh John Mc Auliffe
do fhréamha
thiar ag an Tech
leis an Máistir corraitheach,
Éamonn O'Connell,
sna drochbhlianta:
é lán de mhianta dúinn,
ár Máistir Éamonn,
ach sáite sa bhaile beag,
le foighne briste:
Fostóirí! Scileanna! An óige!
Iad brúite ar an mbád bán
go Sasana.

Thug Margaret O'Connor
na síolta dom –
melon, is cuimhin liom, *melon* –
is d'fhás mé iad faoi ghloine
gur sheol siad mé anonn;
d'fhiafraís, a Mháistir,
ar mhaith liom seo leanúint
ach d'fhreagair mé le bród
go mbeinn im' shagart!
Do tháinig scamall ort
d'fhág trína chéile mé.
Bhailigh mé suas
mo phlandaí,
is scaramar le chéile.

While you, John, walked the rivers
and left us the pet names
of eel holes, nooks,
places of the fisherman –
local history through
the caretaker's prism.

And you, red rose,
dying in my vase,
I salvaged your roots
before the Tech came down.

Each year they blossom.

26 August 2003

Bhí tusa feadh an ama
ar bhruach na Daoile, John,
ag breacadh eolais dúinn:
poill na n-eascán,
cúlacha an iascaire –
stair na háite
tré shúile geana feighlí.

Do ghile ag imeacht,
mo rós sa phróc';
shábhálamar do fhréamha
sara leagadh an Tech.

Filleann orainn gach bliain.

26 Lúnasa 2003

You know they come –
we replace the peanuts
twice a week –

as you move in shuffled age
about your kitchen;
know that as you near

the geraniums on the window
blue tits will scatter,
greenfinches pencil the sky

until once more
the settling begins

and your senses reach out
to feathered friends,
(colours you remember).

And now you ask
of this and that –
your interest still intense

in matters that occupy us –
before we too
will scatter.

In memory of Annie O'Mahony, Bishop Street

Tá fhios agat go dtagann:
dhá uair sa tseachtain
líonaimid an bia.

Faoi ualach do bhlianta
sa chistin, tuigeann,
nuair a thagann do scáth

ar an ngeiréiniam sa bhfuinneog
go scaipeann meantáin,
fágann glasáin rian sa spéir,

go socraíonn arís
tréis ruaille buaille

agus mothaíonn tú
do chairde éan bheith ann;
(is cuimhin leat na dathanna).

Casann tú orainn ansin
le ceisteanna –
níl easpa suime riamh

sna rudaí a bhaineann linn –
sara scarfaimid
mar aon leo.

I gcuimhne Annie O'Mahony, Sráid an Easpaig

He makes the dovetail joint
in sought-after maple,
stands back – a dinky fit –
in the backyard shed cum workshop.

Jacky doesn't say much;
his wife creates a house of talk
with Bouldy the cat
and Tatters the dog

when the neighbours
and card-players call;
then if he does join in
it's a tentative smile

for a good trick,
a bemused hum for a win;
he'll go to make the tea.
What does he hold within?

An déadalt réidh anois
as mailp dofhaighte
seasann siar – é sásta leis –
amuigh sa bhothán ciúin.

Ní fear cainte Jacky;
líonann a bhean an tigh
le caint faoi Bouldy, an cat,
is an gaidhrín sin, Tatters

go dtagann na comharsain
agus cuirtear tús le cártaí.
Má ghlacann sé páirt ansin
níl ann ach meangadh beag

don chúig agus crónán
íseal roimh an mbua;
réiteoidh sé an tae.
Canathaobh chomh ciúin?

I

It's the dark stairs in Dromcollogher
at the back of the ruined shop –
ruined ever since the Civil War
when renegades took the suit-lengths
from this Free State family.
(One or two happily built, she said,
from such proud escapades).
One side, one incident,
that my mother never forgot
as the shop slowly closed up...

II

We, children, played water-guns on the street
that Carnival night – you remember, Dennis! –
and then as darkness dragged us in
we played behind the shelves
where musty smells hung in the air –
you remember the hanging beads
which divided their world from ours;
Uncle Will told us to be quiet
as the ghosts of Dev and Collins
took pot-shots in the dark.

Remembering my late cousin, Dennis Quaid

I

An seanstaighre i nDrom Collachair
ag cúl an tsiopa tréigthe –
an t-ábhar culaith' sciobtha
ó chlann seo an tSaorstáit
le linn Chogadh searbh na gCarad.
(Is dúirt sí gur deineadh cuid acu
ó chrógaíocht dá shórt):
taobh amháin, eachtra amháin
nár lig mo mháthair i ndearmad
fad a dhruid an siopa suas…

II

An Carnival amuigh – nach cuimhin leat,
Dennis! – ag súgradh le gunnaí-uisce
is nuair glaodh orainn isteach
bhí spórt againn sa siopa
áit a raibh boladh fós den seanshaol –
cuimhnigh na coirníní dorais
a sheol siosarnach ár sinsear.
D'ordaigh Uncle Will bheith socair,
fad a scaoil taibhsí Dev is Collins
corr-urchar san aer.

Cuimhním ar Dennis Quaid, col ceathrar, nach maireann

That year, being macho,
we played with a rock –
our game of donkey
down on the strand.

Growing up, the sap rising,
we made it to Bally
and drew in the sun
while reaching up

to half-grown living;
the freedom to retreat
for a pint if we wished
as the sky bristled.

Our elders out of sight
we pitched on the headland,
heard the waves from the tent,
and longed for tomorrow;

hearing music from the beach
our bare-feet brought us to the fire;
one was singing Bob Dylan;
'Oh Mama, this was livin!'

For JB

Cloch á chaitheamh ó
dhuine go duine
in ár gcluiche *donkey*
thíos ar an dtrá!

Borradh an fháis;
ár n-aghaidh ar Bally
chun an ghrian a shú
agus tumadh isteach

sa bhfíorshaol fásta;
pionta a shlogadh
gan bhuíochas d'éinne
nuair d'oir sé dúinn.

Leagamar an puball
siar ón bhfaill;
thíos uainn na tonnta
lena bpaidir oíche.

Ceol go déanach
ar an ngaoth.
Síos linn ansan cosnocht
don tine chnámh;

Baby Blue le Bob Dylan –
Ó Mama, fág an tslí dúinn!

Do JB

'Pulling in before the crossroads
I asked for directions
and as he was pointing
my eyes opened wide,
for all the while
he was pointing the
way with the plough
on which he had been leaning –
no horse yoked up on a Sunday.

But gaping and gawping
did me no good
for he was engrossed
in directions to places
I could only imagine –
could barely try to imagine –
my map having only what's real;
and his story was far too big
for anything that small.'

'Ag maolú isteach roimh an gcrosaire
d'fhiafraíos mo threo den bhfear
ach thit mo bhéal ar leathadh
ag stánadh ar an éacht

mar go raibh an chéacht ina láimh
aige ansan taobh thiar den gclaí
is é ag díriú anois ar bhailte
thall, a mhic, ar aghaidh, ar clé…

Ba chuma leis faoim' ionadh
mar go raibh a aigne gafa
le háiteanna i bhfad uainn –
an raibh a samhailt ann –

gan agamsa ach léarscáil
is níor leor é sin ba léir
dá scéal a bhí ag casadh
mar sí gaoithe insan aer.'

'The light follows the river
down over the mountain
shines at the window
and arrives at the foot of the bed'.

Jack's mind it seems
is between our 'normal'
and somewhere else
so that soon it's a choice
of hospitals,
institutions taking him in,
the cigarettes in the end
bringing down his big frame
laying him here on the bed
and our candle-symbol
is leading him somewhere
we hope is repose
along some winding river
whose name
is Bliss,
is Heaven,
is Peace encountered.

I look, for the first and last time,
at Bill's brother home again,
hear Bill recount the past
of his young brother, Jack.

For Bill, 17/01/2004

'Thagadh Seán 'a Gealaí lena lóchrann
síos ón gcnoc', (le haoibh chuimhne),
'chomh fada leis an bhfuinneog
agus sheasadh ag bun a leapan!'

Is cosúil go bhfuil a intinn
idir an domhan seo againne
agus a áit rúnda féin
agus ní fada go roghnaítear
ospidéil,
an córas á shú isteach –
na toitíní ag an deireadh
á leagadh siar,
á fhagaint anseo mar atá –
agus tá na coinnle á threorú
i bhfad ón ár réim,
á threorú ar bhruach na habhann
a ritheann a slí go réidh,
go sroiseann Trá na Fírinne,
an tSíocháin sínte
uaidh amach
ar an aigéan.

Tá deartháir Bhill sa bhaile arís –
mo chéad radharc agus an ceann deiridh;
is tá Bill ag insint scéalta dúinn
faoi shaol a dhearthár, Jack.

Do Bill

Johnny Bradford called it 'The Workhouse'
as he drank cool tea from the enamel mug
my mother kept for men of the road.

Tall and bony with a thick moustache,
Johnny'd been a drover, one of the last,
known to all as fine old stock.

Ever grateful for the food, he'd lay
the blackthorn to one side, 'I herded
cattle from Wales to Scotland.'

Sitting out the back by the water-tank
he'd plan his day and the next long stretch
throwing back the tea with 'I must be off'.

He called it The Workhouse – spat the word.
We grew up calling it The County Home
and walked by its high enclosing wall.

No news of Johnny then for a while;
'You wouldn't know now where he'd be gone;
wouldn't mind but he's a fine old sort.'

Summers…winters… still no sign;
'Well maybe he's gone to his final rest.'
The mug held flowers on the mantelpiece.

The Workhouse – b'shin an t-ainm a bhí ag Johnny
agus é ag ól as an gcruanchupán
a choinnigh mo mháthair don lucht siúil.

Le croiméal trom agus é gágach ard –
The Drover Bradford, tráth dá raibh –
meas air anois mar cheann den seantreibh.

Ag gabháil buíochais as an mbia
tréis teacht i láthair lena bhata draighin:
'Sheolas beithígh thuas in Albain!'

Shuíodh sé amuigh ag an umar sa chlós
ag caint faoin aistear agus na bailte roimhe
ag críochnú an tae le: Giorrfad an bóthar!

Dúirt sé an *Workhouse* agus nimh san fhocal.
An t-ainm bhí againn ná *The County Home*
lena fallaí arda os ar gcionn.

Sciorr an t-am thart gan tuairisc faoi;
'Ag Dia amháin atá a fhios,
níl mórán dá leithéid ar fáil anois'.

Ghiorraigh na laethanta agus shín arís…
'B'fhéidir go bhfuil an fear bocht faoin gcré.'
Bhí bláth sa chupán ag feitheamh leis.

Through the sixties they went one by one
as the walls were lowered and we saw in –
traced where the workhouse wheel had been.

The building then became St. Ita's,
I'd have to think, caught by surprise,
pointing the way to a passer-by.

So Johnny, that's what we call it now.
And wherever you lie in some unmarked spot
no doubt you call it The Paupers' Plot!

Íslíodh an falla is bhí radharc isteach
le teacht na seascaidí agus borradh sa saol –
Féach an áit go mbíodh an *Workhouse wheel!*

D'athraigh an t-ainm go 'Naomh Íde'.
Bheadh orm smaoineamh, mé tógtha siar,
ag míniú an treo don chorrstróinséir.

Bhuel Johnny, sin a ghlaoighmid air anois –
agus pé thalamh fáin ina bhfuil do chorp
cuirim geall gurb ainm dó Reilig na mBocht.

Dóibh siúd atá curtha i Reilig na mBocht,
Bóthar na Plá, Caisleán Nua

He pushed in the gate
laden with apples.

I watched out of view
as he made for the door

and the scene struck home
before I called out:

Autumn back again,
a Phádraig!

You turned to me:
They're not great this year…

But we both realised
we were drawn inside

the orbit-pull
of harvest time;

you started with Keats,
his "Season of mists…"

while we searched out words
amid falling leaves.

To the memory of Pádraig Mac Suibhne

Bhrúigh isteach an geata
agus úlla leis,

mé ag faire air ó chúl an tí –
é ag déanamh fám' dhoras.

Bhaineas sult as an radharc
sara ghlaoigh mé amach:

An fómhar linn arís,
a Phádraig!

Chas tú im' threo:
Mhuis, nílid ró-mhaith…

Ach ba léir ar an toirt
go rabhamar leagtha

sa chiorcal diamhrach
a choinníonn an fómhar.

Thosaigh tú ar Keats
Le "Season of mists…"

Chuardaíomar na focail,
an ceo in ár dtimpeall.

I gcuimhne Phádraig Mac Suibhne

You did not flinch:
In you went
Searching the dark cupboard
After the ghosts in the old house
Until the joyful shout came back
That you had now gathered to you:
Haicéad, Ó Rathaile and Ó Bruadair.

As we waited
In dim twilight
We thought you odd
Deserting our enjoyment;
Full well we knew
The place had been ransacked
And what was there to find…

The odd one moving to the house
Took time to focus
On the dark inside
Before they made you out;
Then listened – you had a way with words –
Brought back each syllable,
Hurt and haunted,
Of our people.

October 1999

Níor chlis:
Isteach leat
Ag cuardach sa chupard dorcha
Fá dhéin na dtaibhsí sa sean-tigh
Gur gháir le háthas chugainn amach
Go raibh anois id' bhaclainn
Haicéad, Ó Rathaile, Ó Bruadair.

Amuigh faoi sholas an tráthnóna
Dúramar go rabhais ait
Ag tréigean ár gcomhluadair;
Go maith ab eol dúinn
Go raibh an áit ransáilte go minic cheana
Is cad a bheadh le fáil.

Corrdhuine a bhog go leac an tí
Thug seans dá shúile luí
Ar a raibh istigh,
Gur dhein do lorg amach;
D'éist – is tú bhí fial le caint –
Thug leis gach siolla
Feargach, cráite
Ár sinsear.

D.Fómhair 1999

They are all out this morning –
while we are not yet born –
one following the horse-pair,

two with spades in the haggard,
braces showing lines of sweat,
the day is warming up.

Strong sturdy elm trees mark the hedge-row,
a sudden breeze blows ash leaves
across the laneway to the farmhouse.

Aunts, as little girls, play and giggle;
an older one – I cannot see her face –
is baking bread, having fed the calves.

They are all there,
with none of us to bother them
but the troubles of youth.

The sky reflects
an innocence we bestow:
we will never know
their full testimony.

Féach amuigh iad an mhaidin seo –
gan scáth dínn fós ina saol –
ceann i ndiaidh na gcapall,

Beirt le rámhainní san iothlainn,
rian allais faoi na guailleáin,
an lá ag téamh suas.

Crainn arda leamháin ag seasamh ar an gclaí;
duilleoga ón bhfuinseog á scuabadh ag an ngaoth
ar an mbóithrín isteach.

Feicim aintín ina gearrchaile ag súgradh;
an ceann is sine – a haghaidh ceilte uaim –
ag déanamh císte, tréis na laonna a bheathú.

Féach anois iad,
gan éinne dínn mórthimpeall,
faoi chúramaí na n-óg.

Dathaimid an spéir
le soineantacht:
a scéal iomlán
tá imithe le sruth.

I
You sallied forth
with youth's conviction
and found yourself
on a rickety ship –
your first harsh lesson –
then pulled your friend
on board and puked
your way to Spain,
to fight for what?
For *fascism!*
Only a fool would argue…

I have listened
to your words
and know after all
the angry years
you retrieved for
me a vision
of your dear-held
Christ betrayed,
strove to teach this socialist
the both sides of horror
and though we sing
for the Republic
we know, alas,
not all the hands we clasp
are for the worker.

I

Bhailigh tú leat
le faobhar na hóige;
go tobann bhí tú
ar bord loinge
(gliogar ceart, a deir tú!)
ag tarraingt do chara
aníos ón dréimire;
ansin le suaitheadh boilg
ar do shlí gan stad 'on Spáinn –
is throid ansan mar *fhaisisteach* –
'On diabhal leo siúd a deireann!

D'éist mé go géar
le gach a ndúrais
agus mhúin tú ceacht
tréis blianta mire
faoi do Chríost
ar an gcros arís.
Mhínigh tú don sóisialach
an dá thaobh den uafás
agus cé go gcanaimid
ar son na Poblachta
is maith is eol
gur minic comrád
ar malairt poirt.

II
You produce sweet-scented soap
from your coat pocket
before we enter off the street:
The smell of rotting flesh, you now confide,
can still envelop.

I shudder
as we leave the sun.
Don't go to war
is your watchword.

To the memory of Moss Fennell, Rathkeale

II

Stopann tú ar thaobh na sráide
sar a théimid faoi dhíon
agus tógann blúire cumhráin as do phóca:
Cogar, deireann tú os íseal,
fanann boladh na marbh leat go deo.

Craithim le fuacht
ag dul ón ngrian;
Ná téir chun cogaidh
d'fhocal scoir.

I gcuimhne Moss Fennell, Ráth Caola

Sops of hay curled lightly in the breeze.
We were working in the fort-field,
turning hay in the morning
and praying for a bit of sunshine.

Ready for wynding, Willie!
The sun now shining,
our hands as brown as blackbirds' eggs,
coming across the odd mushroom…

Drink a mug of tea
beside the last wynd
near the mound,
foretell the weather.

It's dusk
moving away with the forks.

The fence, the gap,
the fields quiet,
a broken gate
to be lifted open.

To the memory of Willie Cregan, Dún Gaoithe

Wynd – local name for cock of hay

Séideann an ghaoth go héadrom;
ag obair gar don dún,
an féar á iompú ar maidin
ag guí go dtiocfaidh an ghrian.

Réidh le bailiú, 'Willie!
An ghrian anois againn,
lámha chomh donn le huibheacha an loin,
corr mhuisiriún ag ár gcosa.

Muga tae agus
droim le coca féir,
fothain ón dún,
ag caint faoin aimsir.

An t-eadarsholas
agus sinn ag bogadh.

An sconsa, an bhearna,
an ciúnas;
geata briste
le hardú romhainn.

I gcuimhne Willie Cregan, Dún Gaoithe

II

A DÓ

I

Words –
Mo ghrá go daingean thú –
Kissed by lips,
Shouted across rooms, intoned in silence:
Too heavy to carry…

Words hewn from emotion –
Mo ghrá go daingean –
Left on a nation's nettle-heap.

Trace again the cross-furrows
Where potatoes grew
That eked out existence,
Smell the black dank air,
Blame the words.

A son and daughter left
To embrace the ship
That sails from Queenstown:
Embrace the language of leaving.

I
Focail –
Mo ghrá go daingean thú –
pógtha ag beola,
screadta ó sheomra go seomra,
ráite san intinn:
ró-throm dúinn…

Focail,
ag crith le mothú, –
Mo ghrá go daingean –
fágtha ar an gcarn.

Aimsigh na hiomairí
as a d'fhás prátaí
a choinnigh beatha;
faigh an dúbholadh.

Ionsaigh na focail.
Mac is iníon imithe
i dtreo na loinge
a sheolfaidh ó Queenstown,
ag breith chucu féin an nua.

II
Years down the line
Great-grandsons and daughters
Walk again the drill rows,
Stand where the cabin stood,
In the walkman hear the old songs,
Pronounce again
Mo ghrá go daingean thú,
Recite for you the *Caoineadh* –
You that were banished by the blight –
And as this night wears on
Begin to sing
And sing
Leaving aside the walkman.

Famous lament: Caoineadh Airt Uí Laoghaire (1773),
Eibhlín Dhubh Ní Chonaill

II
Tréis na mblianta
filleann sliocht sleachta,
siúlann arís na druileanna,
seasann ar shuíomh an bhotháin,
ar an walkman cloiseann
na sean-amhráin,
deireann arís
Mo ghrá go daingean thú,
tugann uatha *An Caoineadh* –
sibhse a díbríodh ag an ocras –
agus mar a théann anonn san oíche
tosaíonn sibh ar amhrán,
ag fágaint ar leataobh an walkman.

We heaved you on your way, Liberator,
out of the bog-ruts past our cabins, your coach
wobbling, you inside looking somewhat askance,
making for Cork and the assizes.

Liberator, liberate us
from our obsequious lot
of pushing and heaving
our betters from the rut!

You have learned to beat the English
with your eloquence and procedure
but how much won and how much lost?
I whisper in the carriage window.

'Keep your religion, lose your tongue;
the English race is a tolerant one.'
Now on your way your words flash –
a coin flicked to a peasant.

Liberator, liberate us
from our obsequious lot
of pushing and heaving
our betters from the rut!

You fought a gallant battle
in the courts and parliament
but in the end the stench of famine
was rising in your nostrils;

D'ardaíomar ar do bhealach thú, 'Liberator,
amach as poill an tsean-bhóthair, agus do chóiste
ar luascadh; bhís ansan, do radharc i bhfad uainn,
ag déanamh ar Chorcaigh agus na Assizes.

'Liberator, scaoil sinn
ón staid seo gan rath
ag brú is ag tarraingt
ár máistrí ón láib.

Níl do shárú i measc Sasanach
led' dheisbhéalacht is modh cliste
ach cad tá caillte, cad tá buaite?
Mo chogar chugat trén bhfuinneog.

'Coimeád do chreideamh, scaoil led' theanga;
ní drochdhaoine iad na Sasanaigh.'
Titeann d'fhocail anois mar splanc –
mar bhoinn caite dos na boicht.

'Liberator, scaoil sinn
Ón staid seo gan rath
Ag brú is ag tarraingt
Ár máistrí ón láib.

Sna cúirteanna is sa pharlaimint
thug tú do dhícheall
ach bhí boladh bréan an Ocrais
sa deireadh id' thimpeall;

too weak to push your coach now
we whined by the ditches,
left to others to tell the stories
of your court wit and brilliance.

Your heart may travel on to Rome
but ours still whisper through hungry grass.

Hungry grass: when out on a field a certain spot would bring
on hunger – attributed to a place where people died during
the Famine
Daniel O Connell: My heart to Rome, my body to Ireland and
my soul to heaven!

ró-lag anois chun lámh a thabhairt,
ag osnaíl anseo cois claí,
beidh le rá ag daoine eile
faoid' chlisteacht, faoid' bhuaileam sciath.

Bíodh do chroí
ar a bhealach 'on Róimh,
ach i bhféar an Ghorta
tá ár scéal le clos.

I stretch my hand out over the heads
towards ancestors who did not flinch,

fingertip to fingertip
connecting;

the crowd watches the fight,
not comprehending…

Just fingertips –
connecting.

Sínim lámh thar na cinn amach
chuig na sinsir nár thréig,

barr na méar ag cuimilt,
ag teangbháil lenár dtreibh;

slua ag amharc ar an troid
gan tuiscint, óg ná sean…

Barr na méar –
b'shin a spreag.

I shivered
when
the body moved;

soldiers, now
scattered corpses,
on the road.

Ready, is it?
My eyes no
longer saw

an Auxi
or a Black and Tan,
my head reeled.

I'll just return,
chastened,
to the farm;

I'm not a soldier
for the
long haul who

might strike
for Ireland's
freedom.

Chritheas nuair
a chorraigh an corp
san ár:

saighdiúirí
scaipthe –
ina gcorpán.

Réidh, ní rabhas
agus an corraí sin –
ba dhóigh nár Auxi é

ná Black and Tan
a thuilleadh –
bhain rud asam.

Is léir anois
go bhfillfead
ar an bhfeirm,

nach saighdiúir mé
den déanamh
ceart

a dhéanfadh beart
ar son
na hÉireann.

I know my sort
will be
sidelined

when our leader,
Tom Barry,
is recalled –

hardened by
the enemy,
and ready.

Ná deinigí
dearmad
ar mo leithéid

nuair a luafar
ainm ár gceannaire,
Tom Barry –

é oilte
ag an namhaid
i ngan fhios dóibh.

Death visited
in a púicín
and a shout.

The frying-pan
dropped
in a clatter

and in two
seconds flat
crumpled on the floor

lay Dad.

March 1993

Púicín(pookeen) – eye cover used in children's game
'Blind Man's Buff'

Tháinig an bás
ina phúicín,
ina scread.

Thit
an friochtán
ina chleatar

agus caite
ansan
ar an urlár

mo Dhaid.

Márta 1993

They will condemn: the well-heeled
and the vocal in the South.

The rabid will gloat
and poke at the gut remains.

Others, the Gusty Spenses,
will calmly take it in.

A quiet satisfaction will pervade the minds
of moderate law-and-order people.

A few Tan War survivors
may stop to mourn your passing.

A comfortable Southern motorist will remark:
Now that's a few lives saved,

and feel justified in his warmth
though outside the March wind is bitter.

Some will say they're in it for the money
or they've little else to do.

Some politicians will use their favourite phrase
condemning *all violence*

Beidh ina challán ó dheas
le seasc-chaint na dtráchtairí.

Déanfaidh an daoscar
lá mór as na mairbh.

Tuigfidh leithéid Gusty Spence,
go stuama, gan ríméid.

Braithfidh lucht dlí-is-cirt an sásamh
óna staid ar an gcarn.

Beidh comhthuiscint ag seanfhondúir
a d'fhulaing faoi na Tans.

Ón gcarr compordach cloisfear:
Sin cúpla as an slí!

É ina shuaimhneas sa chairrín
ach tá nimh amuigh sa ghaoth.

Déarfaidh cuid eile nach bhfuil uatha
ach an t-airgead, bheith díomhaoin.

Beidh polaiteoirí ar an sean-phort
ag damnú *foréigin*

and return to late 20th century political
philosophy: the adjusting of tax bands.

No doubt the two Brendans and all the other
branded terrorists have long understood

that sympathy comes slowly
from decent respectable armchair moralists

whose aim in life is to revolve, faster and ever faster,
in the vortex of respectability,

becoming dizzy in their cosy homes
they will argue the toss for the video;

their arid jealousy will not allow
that any could fight for other than greed,

to whom a dying man's dream or belief
is alien – in fact, reprehensible.

Brendan Morley and Brendan Burns, IRA Volunteers
Died in premature explosion

Gusty Spence, loyalist leader at the start of the Troubles

agus casfaidh ar pholaitíocht a linne:
bogadh na rátaí cánach.

Bí cinnte nach bhfuil dul amú
ar an dá Bhreandán ná ar an *sceimhlitheoir*

go mbeidh fanacht fada ar chomhbhá
ó dhaoine stuama, lán díobh féin;

a bhfuil de mhian iontu casadh timpeall
sa ghuairneán líonta le ceart-is-cóir,

fágtha mearbhlach sa seomra suí –
beidh cur is cúiteamh faoin gcainéal cuí.

Ní thuigeann ar domhan cén chúis troda
seachas saint is comhaireamh pinginí lofa,

a chuireann ó láimh brionglóid na marbh
ag caitheamh anuas le focal searbh.

Maraíodh Brendan Morley agus Brendan Burns, Óglaigh,
i dtimpist buama.

Gusty Spence, ceannaire i measc dílseoirí ag tús na dTrioblóidí.

I read Paul Durcan's poem
and as I rolled around,
condemning unreservedly
the IRA, the callous thugs –
it seems that
nine out of ten people
rolled around with me –
there came a voice from on high:
It was the UVF
Orchestrated by MI5!
But Paul told us to keep
on rolling and so we did,
quite a few gyrating
in their unequivocal condemnation,
rubbing shoulders and buttocks.
The one standing in the corner
was mouthing something
which of course
we could not hear
above our collective howling.

The light came through
the polished stained-glass panes:
red, white and blue
hues caressed our faces.
There were no longer any
voices from on high to upset us
as we achieved a choral union:
We condemn the IRA
Bless us, O Lord,
 In our condemnation!

Léigheas an dán le Paul
agus breathnaigh mise spréite
ag damnú is ag mallachtú
an tIRA, bithiúnaigh –
as gach deichniúr, glac leis,
bhí naonúr againn
ag rolladh –
nuair a tháinig guth ós na hardaibh:
    Ba é an UVF
    Is MI5 á stiúradh!
Dúirt Paul ansin gan bacadh,
ach leanacht leis an rolladh,
rud a dhein,
cuid mhaith díobh ar mire
le damnú lán de bhinb,
guaillí agus mása ag bualadh.
Mo dhuine ar leataobh
ag iarraidh labhairt
níor tugadh cluas dó
leis an gclampar.

Thuirling gathanna gleoite
de dhearg, bán is gorm
trén bhfuinneog naofa
isteach ar ár n-éadan.
Ní raibh cur isteach níos mó
ón taobh amuigh
agus chanamar amach d'aon ghuth:
    Damnaímid an tIRA
    Beannaigh orainn,
    Sa damnú seo, A Thiarna!

I decided to join the mob –
it's not an easy thing to join the mob
for a cool detached intellectual.

Hovering over the crowd
in my warm seat by the window
(I have decided never to sit in the hot seat).

Here I go, a little jerky,
in my parachute straps,
and land with a thump in the Falls,

here to join the cortege
and feel the sense of isolation,
remember Gibraltar, the slaughter in Milltown.

As I forget the circling
engine of enforcement up above
I launch with all the rest

into the car of armed men –
another Michael Stone
come to deliver the centuries-old message?

Prepared to give our lives
as we did in Milltown
to stifle the bloody assassin.

Shocraíos titim isteach
leis an drong – rud nach éasca
don intleachtach neamhchlaonta.

Ar foluain thar an slua
sa suíochán deas teolaí
(Ní bhacaim leis an suíochán te, tá's agat).

Seo liom anois, beagáinín
faiteach lem' pharaisiút,
go mbuailim de phlimp sa Falls,

ag líonadh isteach sa
tsochraid, uaigneas an mhionlaigh;
Gibraltar anois ar m'aigne, an sléacht i Milltown.

Inneall an fhornirt dearmadta –
súile a chiorclaíonn os ár gcionn –
téim sa tóir leo siúd

a ionsaíonn fir ghunna –
Michael Stone eile chugainn
le sean-teachtaireacht na Breataine?

Sásta ár saol a thabhairt
mar a rinneadh i Milltown
chun an dúnmharfóir a chloí.

The army video up
above is caging us
for right-thinking people everywhere,

removed, detached
and thoroughly disgusted
by these savages;

quite obvious to them
here are two corporals
astray in a hateful land,

their innocence all too clear
to video-watchers worldwide
of this most heinous act.

Now let me be winched up,
circling, forever circling,
with decent people everywhere.

December 1993

Tá an video sa spéir
ár slogadh siar
do mhuintir mór is fiú,

i bhfad uainn mar atáid
ag iompú buicéid tarcaisní
síos ar na bligeaird:

nach léir don saol nach bhfuil
anseo ach saighdiúirí,
ar strae ar shráideanna nimhe,

neamhurchóideach,
gafa ag an uafás
ar scáileáin an domhain.

Ardaigh mé anois go mbead
ag casadh, ag casadh liom go síoraí,
le daoine ar aon intinn.

Nollaig 1993

For you, Bill Clements,
I lay down tonight my gun
and old rosary prayers
revolve in my head
as I read how they smiled
at your funeral...

According to all,
you gave and loved
till an assault rifle
at Ballygawley
shot your love out of range –
now your friends are gathered
beaming your praise.

According to all,
you gave and loved...

Killed in 1985 by IRA

I gcuimhne Bill Clements
bíodh na gunnaí ciúin
agus casann paidríní
istigh i mo cheann
nuair a léim anseo
faoi do shochraid…

De réir gach tuairisc
bhí tú lán de ghrá
gur labhair an raidhfil
i mBaile Uí Dhálaigh
agus bhagair
ar do ghrá bheith réidh;
anois tá do chairde
ag scaipeadh do scéil.

De réir gach tuairisc
bhí tú lán de ghrá…

Maraithe ag an IRA 1985

You might have sung –
How do I know,
didn't know you –

with friends
over a pint,
Republican ballads

or your choice
from the charts;
you've got me thinking…

You might have sung –
Oh anything
from A to G,

no matter,
now you're gone
but there's your picture:

adolescent staring
with posters of Bobby Sands
and I try to know you,

mother's/father's son
well-loved it seems
and happy to the end.

Seans gur chan –
gan aithne ort
cá bhfios dom –

le cairde
tréis cúpla piont,
bailéid Wolfe Tones

nó do rogha
ó na cairt.
Seans gur chan –

Ó, pé rud –
aon amhrán
ó A go G

nach cuma,
tá tú marbh acu.
Ach seo do phictiúr:

ógfhear dána
le póstaeir Bobby Sands
ag beannú dom;

mac máthar/athar,
misniúil,
réidh don streachailt.

Maybe it was felt
to halt the spring
you stop the singing

so they shot the songbird –
I don't know,
only surmising.

You might have sung –

We turn the page
and leave
to those who grieve you.

Killed by English Police, 23rd Sept 1996

Cinntíodh, mar sin,
do phort a chloí
go tapaidh.

Mhúch do ghuth,
is chaith do chorp
mar rabhadh.

Seans gur chan…
Ó, fág anois é –

Bíodh na scéalta
acu siúd
ar thug tú gean.

Maraithe ag póilíní Shasana i 1996

1   Charity

It was my party;
You were meant
To be coming
To my party
I'd been looking forward
To a great day when you –
You tore up our party hats
And burned our surprise parcels
And broke down our swing
And tore out our hearts
And now we're like
The broken toys
Will we ever –
EVER have a party again?
Play again?
Send out invitations?
No mind for anything anymore
All broken and destroyed
Please, please, please!

2   Despair

Balloons now
Tormented blue,
Red, orange, green;
Who'll help me tear them down.

1   Carthanas

Mo chóisir!
Bhí tú le teacht;
Bhí lá mór im' cheann
Nuair a –
Nuair a sciob tú na hataí
Agus dhóigh na bearta rúnda
Leag ansin an luascadóir
Agus phioc, phioc amach ár gcroíthe
Fágtha anois
Mar bhréagáin caite
An mbeidh faic againn choíche…
An mbeidh spórt nó spraoi
Súgradh…
Cuireadh a sheoladh…
Níl fonn orm a thuilleadh,
Briste agus cloíte:
Cathain a thiocfaidh
Faoiseamh… sos don súgradh…

2   Éadóchas

Na balúin damanta,
Oráiste, dearg,
Glas is gorm;
Cabhraigh liom chun iad a leagan.

3   Hope

Gone?
Well then, little ones
(You forget so easily)
Let's see…
The pieces are all here
(Do I deceive?)
Let's see…
Down on our knees!
Let's see…
Children,
Take no notice of my tears.

3 Dóchas

Imithe?
Mar sin, a pháistí –
A déanann dearmad chomh héasca –
Fan go bhfeice…
Ta na píosaí fós anseo
(An gcreideann…)
Síos linn
Ar na glúine
Síos linn, a leanaí
Ná bac, a chroí, lem' chaoineadh.

Having sunk to similar depravities
we wallowed in each other's shite;
'Belgranoed' the coffee with sugar –
nice one that!
Your chat peppered with nuances
of past victories,
noses rubbed in it.

I 'disappeared' and re-invented –
Oh the giggling which that started! –
Returning from the Ladies
we snugged nose to nose
over the aroma of arses kicked,
people put firmly
in their places.

October 1998

Thuigeamar a chéile go tóinpoill,
gliondar orainn san aoileach ag lúbarnaíl.
Sheol tú an babhla siúcra mar Belgrano id' láimh –
Bhaineas sárcheol as!
Bhí blas milis de gach sárú,
gach cos-ar-bolg
id' chomhrá.

Táim chun 'imeacht as radharc' –
Ó, a dhiabhail! An sciotaíl faoi sin!
Ag filleadh ó Sheomra na mBan
bhíomar srón le srón
thar chumhracht dhaoine brúite,
an chos go righin, go daingean
ar na boicht.

D. Fómhair 1998

I
That there might be a God!
Let us pray

That there might yet be life!
Let us pray

That Christ in us breathe!
Let us pray

II
Holy art thou who proclaims
From the Old Testament:
Smite thine enemies
And to their seed damnation!

O, holy art thou,
With sash proclaiming heritage
And a king one time
Who beat the Catholics!

And holy last night
Were the Innocents
Whose cries were engulfed
By your words.

In memory of the Quinn children, Ballymoney

I
A Dhia, bí ann dúinn!
Guímis

Go raibh saol fós i ndán dúinn!
Guímis

Go raibh anáil Chríost ionainn!
Guímis

II
Is naofa tú
A fhógraíonn ón Sean-Tiomna:
Cloígh do namhaid
Agus go h-ifreann lena síolradh!

Ó, is naofa tú,
Le sais na Bóinne
Agus le rí ón Mór-roinn
A leag na Caitlicigh!

Is nár bheannaithe aréir iad,
Neamhchiontaigh,
A loscadh ag lasair
Do theanga.

I gcuimhne na bpáistí Quinn, Baile Monaidh

The Justice Minister can fulminate
but Eddie Fullerton's in the grave
and round this case the flies are stinking
with British collusion and loyalist henchmen.

'Dreary steeples' there well may be
but the Brits below and the RUC

are counting numbers in an age-old game:
these Irish rebels must not get in
to swank about before the people
as if they owned the land about them.

So men like Eddie must be put down
and the cops down south relied upon
to hustle a little and then draw breath
for what's a taig whether north or south

and the daily papers will not headline
this political killing – hide it deep inside;
their 'sources' will say he deserved no better –
Eddie Fullerton! Sure what matter!

Mc Dowell and those who've gone before him
will praise the police, the co-operation;
then settle back to condemnation
until some day these ghosts will haunt them.

Eddie Fullerton - Donegal SF Councillor killed by Pro-British
Forces May 25 1991
Winston Churchill referred to the 'dreary steeples' in the
North...

Baothchaint ag teacht ón Aire Dlí
ach tá Eddie Fullerton as an tslí,
boladh bréan ón scéal ag teacht:
Dílseoirí/Sasanaigh a dhein an beart.

Churchill agus na 'dreary steeples' –
Féach arm na Breataine agus na péas

ar aire faoi fhás náisiúnaithe.
Dún an geata, coimeád amuigh,
ar eagla go mbeidh siad fós i réim
cheapfá gur leo an talamh féin.

An boc sin, Eddie, caithfear a leagadh;
ní baol póilín ná 'n bleachtaire-chara,
déanfaidh siad beart(is é sin a nós):
is namhaid an sórt sin thuaidh is theas.

Ní léifear faoi ar leathanach a haon;
clúdófar go réidh an marú polaitiúil.
Déarfaidh na 'foinsí' gur chóir bheith socair –
leithéid Fullerton a dhéanann dochar.

Socróidh Mc Dowell ina chathaoir shéimh
ag moladh na nGardaí agus na bPéas;
luífidh isteach ina dhamnú choiteann
go bhfillfidh na taibhsí ar a chloigeann.

Dhein Churchill tagairt dos na 'dreary steeples' sna Sé Chontae

I The Dublin March

We marched in the sun,
in the cold, cold sun
on a frosty day in '72:
injustice done
once more, once more
and Irish people
again laid low.
What could we do
but thump the air
with strident chant:
Overcome, overcome –
in distant league
with The Reverend King.

But now we jostled
in the cold,
There it is! There's
the Embassy!
Bastards, hoors,
at the windows
smiling (We're sure
we saw them smiling)
at the Irish mob
giving vent to rage,
the croppies lie dead
in Derry town
Sweet Doire Cholmcille
transfixed with pain

I   An Mórshiúl i mBaile Átha Cliath

Ag siúl faoin ngrian,
a bhí fuar gan tais,
lá seaca tar éis an áir.
Éagóir déanta –
cé mhéad anois –
agus Éireannaigh
leagtha ina mairbh.
Cad le déanamh
ach ropadh faoin aer
le dorn an chine;
Overcome, Overcome
snaidhmthe thar farraige
le Reverend King.

Ach thosaigh an corraí
ansan sa bhfuacht;
arsa duine go tobann,
An Ambasáid!
Óinseacha, bithiúnaigh
ag stánadh amach,
féach an drong mór Paddies
ar mire le racht
faoin a muintir sínte
ar shráideanna Dhoire –
A Dhoire Cholmcille
tú sáite cloíte

The balls of snow bounced back
but soon a stone replaced the ice
and a tinkling splinter rose a cheer
What could we do, what could we do

That night I came to see the shell
of Britain's Embassy in my land
and smelt the smoke-sweet smell
Of a people risen.

II Some Years On

Today I met some who recall
but choose to forget
that fitful surge in our veins
when for a few hours defiant
we said what we felt in our hearts
before we left it all
to the taigs in occupied land
and got on with getting on,
the heart on the sleeve
replaced in the bag
of the *flat* clean-out,
Bob Dylan and The Man
playing us onto the street,
back to the middle
and there to settle,
quietly regretting
an uncivilised act,
eschewing the terms
'Six Counties', 'Occupied Land',

Bhuail liathróidí seaca gan bhrí;
níorbh fhada gur thuirling cloch
agus d'ardaigh an gháir leis an gcling:
anois tharlódh pé rud

D'fhilleas ar an áit an oíche sin –
Ambasáid na Breataine ina creatlach lom.
Tharraing mé isteach an deatach goirt
d'éirí amach.

II Tar éis roinnt blianta

Bhuail mé inniu le cairde ón am
nach maith leo caint
faoin suaitheadh torrach
nuair a chuireamar ruaig
ar an seoinín seasc
sara d'fhágamar an beart
acu siúd faoi chois
agus d'fhilleamar
ar Ráth Maonais;
ag glanadh an *flat*
le Dylan agus Van,
ag brú focal coimhthíoch
ar ár dteanga cam,
ag stiúrú ar ais don lár;
ag cur as ár gceann
an eachtra sin
ag fágaint na 'Sé Chontae'

observing the Cruise O'Brien line
blocking out all but the State let in,
Sixties children quiet and wimp,
the British troops had won again.

III   New Inquiry

But not with all –
they march again –
and today at last
open up the can:
what Saville will hear
we can but hope
will clear the names
of those they shot.
The truth may dawn
upon us all,
reading our 'Sundays',
mowing the lawn.

ag Cruise Ó Briain,
Roinn 31
d'ár luascadh a chodladh;
Macra na Seascaidí
ar ais san oifig:
Fág an bealach
ag na Breatnaigh!

III   Fiosrú Saville

An brionglóid í?
An gcloisim cosa?
Chuala inniu faoi
fhiosrú eile.
Beidh Saville á bhá
ag taoide fola
a thiocfaidh i dtír
le snámhraic chuige.
Cad iad na smaointe
a thiocfaidh chugainn
maidin Domhnaigh
len ár leamh-nuachtáin?

Bombay Street
Bogside
Collusion
Branch-in-Branch
Glove-in-glove
Gardai/RUC
Against the Provos
Dublin-Monaghan
Bombings' collusion
Gardai wind up inquiry
Southern politicians
Acquiesce
Quietly

Side by side with
Republican
Resistance to
Occupation
The 'forces of
Law and order'
And 'right-thinking
People' everywhere
Occupy high
Moral ground
Decide the correct
Outcry

that silenced world
was dealt all the cards
allocated the words
'terror', 'subsersive'
'murder'
labelled the underdog
 fed to the media

horror on horror
visited
while power-hogs
 in the Dáil
and Westminster
helped balance

each other
above the 'terror'
what hope
when 'one side's
as bad as t'other'
 middle-class
minds recoil –

on with
the lawnmower:
faster, mower,
louder
faster!

 when it comes
to cause and effect
 blame the effect
the man in the hood
and the gun
kick in the doors
of the poor
grind down
by pulling the plug
of radio and TV
barrage
 the media's space
with your
 latest spinman's

message

become the mind
of the populace
those who want to be good
and who want to be wise
will eat from your hand

 and see through your eyes
have Rupert Murdoch
and Good Sir Tony
pull in their chairs
to the bonhomie
at breakfast tables
across the land
where thoughts are poured
from a box called 'Brand'

Sráid Bombay
Taobh an Bhogaidh

Comhcheilg
Brainse i mBrainse
Lámh ar láimh
Gardaí/RUC

In aghaidh Sealadach
Baile Átha Cliath/
Muineachán
Comhcheilg Buamála
Cuireann na Gardaí
Críoch le fiosrú
Glacann polaiteoirí
Na Dála
Le ciúnas

Agus na
Poblachtánaigh
Ag seasamh
In aghaidh Sasanach
Glacann fórsaí
'Smacht is dlí'
Agus iad siúd
Atá i gcónaí
'Sa cheart'
An talamh ard
Aontaíonn leis
An aisfhreagra

cuireadh smacht
ar an domhan
faoi cheilt
aimsíodh na focail
'dúnmharú',
'sceimhlitheoir'
scaoileadh roimh
na meáin
giorraí roimh chú

uafás i ndiaidh a chéile
fad is a bhí
lucht na cumhachta
sa Dáil
is Westminster
ag stiúrú a chéile
trín bportach staire
lámha á ghlanadh:

'is mar a chéile
an dá thaobh'
an meán aicme
ag cur tús leis an
lomaire faiche
súile síos –
brostaigh
a dhiabhail
tá an tráthnóna
'mithe!

cúisigh an toradh
ná bac leis an bhfáth

cuir an milleán
ar an treallchogaí
ar an ngunna beag
ciceáil isteach

doirse na mbocht
tarraing amach pluga
an raidio, an tv
gabh i lár
nuachta
le do
theachtaireacht
cham

cónaigh go buan

in aigne na ndaoine
iad siúd gur mian leo
bheith ar an taobhlíne
rithfidh ar sodar
i ndiaidh do dheasmaointe;
beidh O Reilly - Sir
agus Rupert Murdoch
mar chomhluadar boird
acu gach aon mhaidin
agus íosfaidh le fonn
na ceallóga céanna
ón mbosca ollmhór
as a ndoirtear smaointe

III

A TRÍ

Nature squawks and shrieks –
the sparrowhawk's alive,
the worms cannot evade
the morning thrush,
the ocean's dash off
coracle and fisherman,
eternal hunt –
condition of survival,
kill to feed
and pain spreads through creation;
witness while you forage,
you are lately drawn among them:
O the birdsong
O the birdsong

Now you arrived
must peer inside
the dark within,
the place of cringes,
the who-begans,
the sin or no sin
measured up from Absolute –
if that you will divine.
The mean selves,
the jealous selves,
the weak selves,
the selfish slivers of life
packed tightly
in old wallets,
the black horror of the mirror
those certain mornings,

Screadaíl is
scréach sa ghleann –
an seabhac ar cuairt;
piocann an chéirseach
na péisteanna gan trua,
naomhóg agus iascaire
suaite ar an bhfarraige,
an tsíorsheilg –
marú le beathú,
an phian ag scaipeadh
trín domhan beo;
tusa
nua-tagtha ina measc,
cheana i mbun cuardaigh,
ardaigh do cheann:
ceol binn na n-éan
ceol binn na n-éan

Agus tú nua-tagtha
breathnaigh anois
ar an taobh istigh,
an taobh nach dtaitníonn,
an cé-a-thosaigh,
cad-is-peaca,
an Absalóid mar bhonn
ach é a thomhas,
an easpa istigh,
an t-éad istigh,
an laige ionainn,
an saol curtha ar sheilf,
nótaí airgid lúbtha
i seansparán,

the shame on
re-examination,
the "Where was 'I'
in all that milieu?"
Answer to yourself
in all your glory
the splendour of being
the awfulness of being

Then 'Where to now?'
The bracing walk
of mind clearance,
the jagged edges
of forgiveness.
Do we dare assemble?
And how to piece together
in some statement,
with some intent?
The hollowness
of language without Truth –
but Truth will not reveal
in any sentence, any idiom,

as here
as listen
to the birdsong

an sceonuafás sa scáthán
maidneacha,
an dul siar
is féinchiapadh:
Cá raibh an 'duine' seo
sa mheascadh cuimhní?
Féach go grinn ort fhéin
sa solas ómra
iontas an bheatha
uafás an bheatha

'Cá raghad anois?'
An ceo á dhíbirt
céim ar chéim,
smidiríní de mhaithiúnas
deacair láimhseáil,
focail gan bhrí
ag útamáil 'dtreo Fírinne –
Fírinne nach ngéilleann
do ráiteas ná léiriú

ach sa ghleann
mórthimpeall
an cheolstoirm

There! For an instant!
I spotted the greater
lesser-winged
whatyoumaycall.

As if from nowhere
and disappearing as quickly
back to shades
in the ivy-grown hedge.

There are days,
weeks,
when I catch no trace
and begin –
I must admit this –
to despair.

So you,
who perhaps
are not a spotter,
will understand
my present condition
of shaking euphoria.

I sit here
among grasses and bees
afraid to break the spell,
with nothing to pin on the wall –

you must
understand
this feeling.

Ansin! Díreach ansin!
Chonac ceann
des na
na mionsciátháin…

Bhí ann gan choinne
agus d'imigh lán chomh tapa
ar ais san eidhneán
dá ghnáthóg rúnda.

Lá i ndiaidh lae,
seachtainí,
gan radharc ar bith
agus caillim –
ní mór a rá –
mo dhóchas.

Tar i leith,
tusa atá b'fhéidir
gan mórán suime,
go bhfeicfidh tú
an staid seo
de chiall ar mire:

fágtha im' staic
i measc beacha is féir,
ar eagla go mbrisfinn an draíocht,
gan taifead ar bith breactha síos –

abair,
abair
go dtuigeann tú.

Out of the chaos...
Particularly the cormorant –
Why the –
Because, I suppose,
I'm not well up on the bird
except that the name
is all about the sea,
a long rangy bird I'd say,
saving its shadow
from the fish beneath.
(You say I've read all this).
I must have hit the cormorant
a couple of times
between then and now
but no notes, I promise, no notes,
no particular attention,
only half taking in –
now you've distracted...

Out of the chaos
God ordered the land and the sea
and the light and shade,
the animals, birds and flowers
and there among them:

As an éagruth
an duibhéan –
agus canathaobh…
Níl mórán orm faoi,
an t-ainm ar foluain
amuigh thar farraige,
éan, ina shíneadh fada, déarfainn,
rian a scátha á cheilt
ar na héisc sa domhain –
(D'obair bhaile déanta…)
Ach níl, geallaim duit,
sea, bhuaileas leis
b'fhéidir am nó dhó –
ach diabhal de chomhad,
ná spéis ar leith,
féach anois,
táim curtha ar strae…

As an éagruth
chruthaigh Dia
an talamh agus an mhuir,
an solas agus an dubh,
na hainmhithe, na héin,
agus istigh ina measc,

the cormorant,
which we do not know too well
except the sound,
the sound is all
as we stand on your splashy rock
out in the deep
sombre-dark
glinting-bright…

Cormorant!
Cormorant!

an duibhéan,
buachaill nach dtuigimid,
seachas an fhuaim,
an fhuaim a ghabhann leis;
é anois
ag seasamh linn
amuigh ar an gcarraig,
dorcha-gruama
geal-gleoite...

Duibhéan!
Duibhéan!

Over here!
See!
No, don't touch!
Red Admiral!
That's its name
What's its name?
Red Admiral
He will command your view
Rest
Flutter
No, don't touch!
Do you know…
How could you
Yes, he's gone
As the soul flutters

You will know one
And I will love you
For saying his name,
Especially in front of strangers,
The father's perk,
One of the few;
They all know the swallows
But you
You will know the Red Admiral
Maybe more
That depends on you
And the world
And the time they give you

This I bequeath you.

Anso!
Anois!
Ná bain dó!
An tAimiréal Dearg!
Sin an t-ainm
Cad is ainm dó?
Aimiréal Dearg
Féach go géar air
É stoptha
Ar foluain
Ná bain dó!
Bhfuil fhios agat...
Conas
'Sea, imithe –
Mar a imíonn

Aithneoidh tú é
Agus beidh mé bródúil
Nuair a scairteann tú a ainm,
Ag cur ionadh ar stróinséir –
Rud beag don athair;
Fáinleoga
Bíodh acu,
Ach tusa,
Is leatsa an tAimiréal
Agus tuilleadh lena chois,
Braitheann sé ort féin,
Ar an saol 'tá romhat,
Ar do sheal faoin ngrian;

Is é sin mo mhian.

Out here
I get weary
of the hen-harrier

Driving my
quiet roads
on the tractor

Hedges
oozing autumn
out at me

Cattle
hock-deep
in my fields

From now on
foddering
and cleaning

Waiting for news
from Brussels
or the Minister

Is it any
wonder
I get weary

With all this talk
of the beloved
hen-harrier

Éirím bréan
amuigh anseo
den diabhal éan –

Cromán na gCearc –
ar an mbóthar ciúin
ar mo tharracóir

An fómhar
ag sleamhnú
ó gach sceach

Cosa
na mbeithíoch
sáite sa láib

Cothú
is glanadh
as seo amach

Ag feitheamh le scéal
ón mBruiséal
nó ón Roinn

Canathaobh
mar sin
nach mbeinn tuirseach

den síorchaint
faoin mboc is déanaí
an seabhac

So I hunt
for company
like the bird its prey

And offer
my tuppence worth
in the run-down shop

And rest my backside
on a barstool –
more television

I ease myself
out and away

The headlamps shine
on the sitka
which is creeping
all over my hills

So if you've got a wish
won't you make it
for me – and my friend
the old harrier!

Sitka spruce, grant-aided import

Tá mo sheilg féin
agamsa agus
tuigim a chás

Thíos sa siopa
ag malartú
focal

Socraím ag an mbeár
ach balbhaíonn
tv

Bogaim amach
ins an oíche

Clúdaíonn an sitka
gach a raibh
ar chnoic mo dhaoine
fé sholas an chairr

Anois, má tá seans agat
guigh ar mo shon
is ná dearmad
ár gcara, Cromán!

Sitka spruce: giúis ghallda atá curtha go forleathan

The flies were dancing
        over the river
On the mild October evening,
The leaves hung yellow
        on the trees,
The woods grew down
To the riverside opposite,
Briars reaching down to
        touch the water
Limply curved with the stream.
The river ran on
Unhesitating to watch,
Gurgling over the stones,
Splashing softly here
        and there.

A lonely tree up beyond
Stands naked and still
        against the sky –
A harmless ghost.

This is a still October
        evening;
The sky, light grey,
Holds everything against it
        in stillness.
The river rushes on –
A still part of it.
All of us
        are October
                this evening.

October 1971

Thuirling cuileoga ina ndamhsa
        thar uisce
Tráthnóna séimh Dheireadh Fómhair.
Thit duilliúr buí ós na
        crainn anuas,
Coillte ag druidim leis an
        mbruach thall,
Driseacha thíos ag
        cuimilt uisce,
Iad ag lúbadh le sruth.
Lean an abhainn
Ar neamhaird
Ag glugaíl thar chlocha
Futa fata futa fata.

Seasann crann aonair amach
        ar chnocán
Ina thaibhse chiúin.

Tráthnóna Dheireadh Fómair
        gan chor ann;
Bailíonn an spéir gheal-liath
        gach aon ní chuici féin.
Brostaíonn an abhainn –
Ach sriantar isteach.
Is Deireadh Fómhair
        gach a bhfuil ann
                an tráthnóna seo.

| | | |

A CEATHAIR

This time
it has to be:

tall wispy
dried grass of August

patchy mud
showing through

as we wait
for a lift somewhere,

one lying
one hitching –

been there
over an hour.

1976

Níl ach an t-aon
phictiúr inniu:

tráithníní spíonta
mí Lúnasa,

paistí loma
tríd,

ar an mbóthar
ag dul áit éigin,

ceann ina luí,
ceann ag lorg síb' –

ag feitheamh feadh
uaire, níos mó…

1976

I noticed your rolled-up jeans –
dance light, smoky, towards the end –
Why not…now…will you dance?
and on the floor it's nice to feel
I beat the National Anthem.

With an effort I will surely see you home –
dance light, smoky, towards the end –
into conversation
using similar bait:
we both fish mountain streams.

Gaelic sounded strange in disco-land –
dance light, smoky, towards the end –
you in the rolled-up jeans
I hadn't seen since UCD:
The bottoms of my jeans are torn!

Functional, not *chic* – that eased my mind! –
dance light and music to the end.

For Carmel H

The National Anthem used to be played at the end of the night

Sea, dhearcas do jeans thuascasta –
tré sholas an damhsa, an deataigh –
Anois… Cad faoi damhsa?
Is amuigh ar an urlár cúis áthais:
sháraíos an tAmhrán Náisiúnta!

Aon seans go siúlfam abhaile –
tré sholas an damhsa, an deataigh –
Ár gcomhrá ag fás
ag gach briseadh cheoil:
iascairí ar chomhsheilg.

B'aisteach an Ghaeilge sa disco –
tré sholas an damhsa, an deataigh –
tusa i do jeans thuascasta
nach bhfaca mé ach sa Phríomhchathair:
Táid scriosta, cén chúis eile!

Gan bheith ró-*chic* – thug suaimhneas dom! –
Tré sholas an damhsa abhaile.

Do Carmel H

Chuir an tAmhrán Náisiúnta críoch leis an oíche

To keep you in the grave
all through your life

To carry you in the womb
all through your dark sweet existence

To put you in a closet
for my greed

Tú choimeád ins an uaigh
fad do shaoil

Tú iompar ins an mbroinn
feadh do ré dhubh chaoin

Tú dhúnadh suas mar thaispeántas
do shantacht

You peer into our
proud Moses-basket,
smile, indulgent,
then bring us down
to earth:
Every crow
thinks his own
the blackest!

For your daughter,
for your grandchild,
for me hovering –
a caution:
We are of the flock,
not as daring
not as singular
as we think.

Yes, Martin,
but you and I must know
this one will fly!

This one
will surely
fly!

Cromann tú,
agus meangadh ort,
thar an gcliabhán –
sinn lán dínn féin –
agus cuireann
i gcuimhne
scéal an phréacháin
a mhaíonn gur duibhe
thar aon cheann eile
a ál.

Comhairle
dod' iníon,
dod' ghariníon agus
domsa ar an imeall:
Is leis an dtreibh sinn;
ní chomh dána,
ní chomh neamhspleách
is a cheapann.

Sea, a Mháirtín,
bíodh mar atá
ach éist nóiméad leis seo:

Tabharfaidh sí faoin aer!
Táim cinnte faoi!

(From the headland
Sun on our backs)

We didn't see the dolphin
but we saw the one-legged German
hop-hop-hopping into the waves
and merge like Fungie with the elements.
'Where is he now?', one asks.
Floating, I said, pointing,
no that's… that's seaweed…
but it was indeed Gunter or Klaus
for next he turned from rest
and moved around the bay,
'He said a shark bit it off'.
Well maybe that, I said,
he swims so well!

Now he's back
pretending to be that shark
and the little English girl
squeals at the edge of the waves;
she is laughing
in a joyous giggling world.

Gott in Himmel! Well done!
Hans, Gunter,
Whoever!

Sept 1990

The dolphin, Fungie, a big tourist attraction

(Ón gceann tíre
An ghrian orainn)

Rian den deilf ní fhacamar
ach Gearmánach ar leathchois
ag pocléimt síos go farraige
agus shleamhnaigh mar rón isteach.
Cá bhfuil sé anois?
Féach thall é, nach ea,
nó an feamainn é sin?
Níorbh ea, ba Gunter é nó Klaus,
mar gur chas sé ansin de phlimp
agus chiorclaigh an bá.
Dúirt sé gur siorc a sciob é –
Bhuel…b'fhéidir, cá bhfios…
Tá an snámh chomh maith aige
go mb'fhéidir gur dhein!

É ag filleadh arís ar an dtrá
agus cuma an tsiorc' sin air:
damhsann an ghirseach ó Shasana
le sceitimíní croí,
an sciotaíl is scréachaíl
ag scimeáil amach thar farraige.

Mo ghraidhin thú, a Gunter!
Hans-Peter…
Pé ainm!

Meán Fómhair 1990

An deilf, Fungie, ag tarraingt turasóirí

Being a window-sill
I wait
and sure enough,
they arrive:
the hairbrush, the keys,
the controller,
(which they now cannot find
and fight over),
the bill discarded –
the dullest year of all
I shelved a houseplant
which failed to grow
and I grew weary –
but we're back again
to untidy
left-behinds,
safe keepings,
it-must-be-somewheres…

I treasure
those small pebbles
brought back
from the seashore

Níl le déanamh
ag leac fuinneoige
ach feitheamh,
agus tagann gan teip:
an scuab gruaige,
na heochracha,
an rialaitheoir tv
atá anois ar iarraidh
agus ina chúis achrainn,
an bille dearmadta –
an bhliain ba mheasa
d'iompaíos planda tí
a chlis, mo léir,
agus thit mo chroí –
ach táimid sa tsiúl arís,
na rudaí fágtha
ina ndiaidh,
curtha ar leataobh,
tá-sé-anseo-áit-éigin…

An rud is ansa liom
na clocha bídeacha
bailithe an lá úd
is sibh cois trá

I read the Prodigal – for you,
and indeed for me –
recovered Christ
from a memory cross
and had Him walk
the Arra bank,
back of Maiden Street
and beyond.

You were skipping
on the stepping stones
in young life's
wanton reverie;

someday may it
all sink in,
for you,
for me!

Nov 97

Chuardaíos arís
an Mac Dramhlásach –
duitse, agus dom fhéinig;
thóg Críost anuas
ón gcuimhne-chros
gur shiúil sé
bruach na hAra,
cúl Shráid na Maighdine
ar aghaidh.

Tusa ag pocléimt
ar na clocháin:
ríméadach
i saol na n-óg;

lá éigin
tiocfaidh sé chugat –
mar a thiocfaidh
chugam.

Samhain 97

Now I no longer need magic
to whittle those hours away
with your stories of Ratty and Mole
before we took leave of the day.

Now I make my own magic
with friends at discos and bars,
weave in and out of company –
I've someone to share the stars.

I no longer need magic
but I can always recall
the night you halted mid-sentence
to savour the strange, strange fall

from storybook adventure,
Ratty and Mole paddling down
as the panpipes played through the willows
we sensed the magic all round

and briefly we travelled on with you,
till our questions started again
but you were lost in those willows…
Come back to our storytime!

To the memory of Kenneth Grahame
And to honour poet Gabriel Fitzmaurice

Níl an draíocht sin uaim a thuilleadh
chun na huaireanta a chloí
led' scéalta faoi Ratty agus Mole
agus sinne ag dul a luí.

Tá mo chleasa féin anois agam
lem' chairde ag disco is beár;
buailim go héasca leo seo is siúd –
Tá scéalta faoin ngealach níos fearr!

Níl an draíocht sin uaim a thuilleadh
ach ní dhéanfad dearmad choích'
ar an oíche gur stop tú go tobann
chun domhan rúndiamhar a shnoí

as an eachtra sin sa leabhar,
nuair bhí Ratty agus Mole sa bhád
tháinig coinlín ceoil trín saileach
a d'fhógair an spiorad ann

agus seoladh ar aghaidh feadh tamaill sinn
leis an gceol draíochtúil sa cheo
is chuaigh deacair orainn tú tharraingt
ar ais len ár síorcheistiú.

In omós Kenneth Grahame
In onóir don bhfile Gabriel Fitzmaurice

| | | | |

A CÚIG

Where to now,
that the great Block's gone?

There it was:
cranky grandfather,
firm under the hammer,
fearsome under the sickle –
that back in strident times
stood proudly for the worker –

Whatever,
the old lad was there
in the back of the mind
with the odd story
slipping out.

But he's swept from us now,
the old devil,
and who'll stand up
to Uncle Sam and his cronies
when they strut about:

Behold us, self-made,
in our Levis,
with our Big Macs,
cans of Coke ...
Be thankful,
workers of the world!
You can trust the dollar –
Oh – and you can choose
whatever channel,
we'll be there!

Anois, cá bhfuil ár dtriail?
Go bhfuil an Bloc ina smidirín...

Bhíodh sé ann:
seanathair crosta,
daingean faoin gcasúr,
sceonmhar faoin gcorrán –
a bhíodh againn fadó
mar uirlisí na gceard –

Pé rud é
bhí an seanlead timpeall,
i gcúinne na haigne;
corrscéal ag sileadh.

Ach tá sé sciobtha uainn anois,
an seandiabhal,
agus cé a thabharfaidh sonc
d'Uncail Sam 's a chlann
nuair a sheasfaidh siad
ar bharr an chairn:

Féach muidne, féin-déanta,
muintir Big Mac,
muintir Levis,
lucht díolta cannaí Coke;
bígí buíoch,
a oibrithe an domhain!
Bígí umhal don dollar –
agus pé tv
a bheidh agaibh
beimídne ann!

He said,
Laying down his glass,
'I must go'.
'Go then, Godot!', I said,
Laying down my paper,
'They are waiting'.

But he remained –
You predicted that
And are now being impolite –
'But before I go,
There is this!'
He produced the *photo*.

Vaulting the counter
I grabbed a Large Paddy
And let him have it:
'Now you certainly won't go!'

STRUCK DOWN
IN HIS FINEST HOUR
BY A LARGE-PADDY-
WIELDING-PADDY,
The English tabloids
Will bray –

My defence
Will be treated
With the contempt
It does not deserve.

Dúirt go tobann,
Ag leagan síos a ghloine,
'Caithfeadsa imeacht'.
'Bhuel, imigh, mar sin! Godot!'
Ag leagan síos mo pháipéir,
'Táid ag feitheamh'.

Ar ndóigh, níor bhog –
Bhí sin soiléir, adeir tú.
Ach tabhair 'm seans led' thoil –
'Ó, sara imeod,
Féach seo!'
Leag os mo chomhair an *photo*.

Bhíos thar an gcúntar de léim,
Sciob Paddy Mór im' ghlaic
Agus scaoil mé leis: A bhuachaill!
Cá bheidh do thriail 'nois!

STRUCK DOWN
IN HIS FINEST HOUR
BY A LARGE-PADDY-
WIELDING-PADDY,
Scréachfaidh cinnlínte
Ar an Oileán Thall –

Caithfear liom, ar ndóigh,
Gan tuiscint ón a bpeann.

A millionaire before I'm thirty!

So he declared
as he headed off towards the Twin Towers,
sharp as a razor,
his Mom admiring.

And she knew he was in there
aspiring and climbing
on the day of televised
crashes and flashes.

Now holding his photo
in the wafting dust
she talks to newshounds,
cameras hunting for angles…

it will not have happened
if I talk and talk
it will not have happened
and I know he will walk out
clutching all that he dreamt of

She gives his story
over and over,
his boss had told her
one day…

Im' mhiliúnaí roimh tríocha!

B'shin a dúirt
agus aghaidh á thabhairt ar na Twin Towers –
ní chuirfeá ceann thairis –
a Mham ag an doras.

Smaoinigh sí air agus é istigh,
a shúile sáite san duais
an lá sin gur stop an tv
gach comhrá timpeall gach boird.

Tá sí anois lena ghrianghraf,
an deannach fós san aer,
ag labhairt le sainteoirí nuachta,
ceamairí ar gach taobh…

níor tharla aon rud
leanfad lem' chaint
níor tharla aon rud
agus siúlfaidh sé cinnte
amach le gach a bhfuil uaidh

Téann sí trín scéal
arís is arís,
nár labhair an boss
faoin a chumas…

but it will not have happened
if I talk and talk
it will not have happened
and he will walk...

Cameras
searching
for angles.

níor tharla aon rud
leanfad lem' chaint
níor tharla aon rud
go siúlfaidh…

Ceamairí
fós
ar gach taobh.

||||| |

A SÉ

She is not the full shilling,
yet she has a soul –
this I've been led to believe
by the Very Reverend Vaughan.

That I have a soul
is beyond doubt –
I listen each night
to Bessie Smith

But that woman we saw
with legs of stilts
who starved one time
for some reason
we now know for sure
has a soul
and will
one day be beckoned
to a land of grace
and those left behind
will, (a few), remark
on that lovely lady
of quiet ways,
a 'bit of a
character', really.

What of the clergyman?
I hear you say.
He will be there to console
the grieving,
remaining
brother.

Níl gach rud mar ba chóir léi
ach ní bhaineann sin dá hanam –
d'fhoghlaimíos an méid sin
ón Very Reverend Vaughan.

Maidir liomsa
níl ceist faoi m'anam –
bíonn Bessie Smith lena blues
om' thionlacan

Ach maidir leis an mbean sin
lena cosa cipíní
a dhiúltaigh am éigin
don bhia, (aici féin a fhios),
glac lena hanam,
lena huaigneas,
go nglaofar uirthi
chuig talamh na ngrást
agus déarfaidh comharsain
(cuid díobh)
go bhfuil 'carachtar'
imithe uainn,
bean uasal
ina slí chiúin.

Agus céard faoin gcléir? adeir tú.
Eisean a thabharfaidh sólás
don deartháir
uaigneach
fágtha.

I don't think
I have ever met
a thug,
that is to say –
gingerly picking up
his teeth
from the pavement –
not the type
I would lock up;
it's the beer and the boredom –
spitting out a little blood
and straightening his nose –
that causes this aggression
and my favourite film
has always been
and always will be
Boystown.

I linked him homewards
through dark backstreets
pausing sometimes
as he begged me
observe the moon
and those silky clouds.

The moon
that washed in
wave after wave
of forgiveness.

Níor bhuaileas riamh
le bligeard ceart,
a' dtuigeann tú –
ag bailiú a chuid fiacla
le neamhaird
ón gcasán –
an sórt a chuirfinn faoi ghlas;
'sé an bheoir agus an easpa brí –
ag glanadh braon fola
agus ag ceartú a shróine –
a bhrúnn an fearg
agus 'sé Boystown
mo rogha,
i gcónaí riamh,
mar scannán.

Sheolas abhaile é
trí na scáthanna,
ag stopadh
ó am go ham
nuair d'impigh sé orm breacadh
ar an ngealach ard
corr-néal ag gabháil thairsti.

An ghealach chéanna
a tharraing maithiúnas
arís is arís
leis na tonnta.

It is not the weeding,
particularly,
that has me out here
tipping with the edge of the spade
in the slanting November sun
cleaning the moss off the drive

that few will enter
on these quiet days of winter;

rather – and he leaned back, a preacher –
it is the evergreen
promise of His Love
that has me humming easily
and the little exercise
has me flushed
with the sheer joy
of existence.

Ná smaoinigh gurb é
an rámhainn
a fhágann anseo mé
fé ghrian íseal Shamhna
ag tochailt is ag piocadh
caonaigh ón gcabhsán

gan mórán isteach chugam
laethanta ciúine Geimhridh.

Ní hé – á dhíriú féin –
ach gurb é gealltanas
buan A Ghrá
a bhaineann ceol asam
agus tá an píosa beag oibre
tréis mé a bheannú
le hiontas diamhair
na cruinne.

I have thought it all out,
right to the end, you mused,
right to the coffin and nails –
Not anymore, I said,
nails… screws now, discreet.
But anyway, go on…
Right to the end and beyond –
This begged a modicum of awe
but you were on a wing
not listening to the jibes,
soloing away to your heart's tune
and you assured me
if I was still there –
that Love was an expanding fireball
for ever and ever engulfing
what we choose to call the world;
beyond thought, beyond words
and happily you'd ride apace –
Oh you were happy that night
as you set out to embrace.

Tá sé go léir anois im' ghlac
(tú i ndáirire), go dtí an deireadh,
chomh fada le clár is tairní –
Tá na tairní imithe anois, adúrt,
scriúnna, ní chomh cruaidh
ní chomh daingean
Go dtí an deireadh agus an taobh eile –
Tógadh siar leis sin mé
ach bhí tú ar do shuaimhneas
ag míniú Slí na Fírinne,
ag seoladh go héasca
trín bhfiormaimint
agus lean ar aghaidh le fonn –
gurb é an Grá ba bhun agus barr,
mar liathróid tine bhí,
ag carnadh chuige an domhan,
ag sárú tuisceana, ag lúbadh focal;
bhí tú mar aon anois
le gach a bhfuil faoin spéir –
Nach ortsa bhí an gliondar
ag ullmhú dá réir.